BEI GRIN MACHT SICH IHR WISSEN BEZAHLT

- Wir veröffentlichen Ihre Hausarbeit, Bachelor- und Masterarbeit

- Ihr eigenes eBook und Buch - weltweit in allen wichtigen Shops

- Verdienen Sie an jedem Verkauf

Jetzt bei www.GRIN.com hochladen und kostenlos publizieren

Bibliografische Information der Deutschen Nationalbibliothek:

Die Deutsche Bibliothek verzeichnet diese Publikation in der Deutschen National-
bibliografie; detaillierte bibliografische Daten sind im Internet über http://dnb.d-
nb.de/ abrufbar.

Impressum:

Copyright © 2018 GRIN Verlag
Druck und Bindung: Books on Demand GmbH, Norderstedt Germany
ISBN: 9783668715592

Dieses Buch bei GRIN:

https://www.grin.com/document/427364

Ilija Stebichow

War der Ausgang der Schlacht von Stalingrad der Wendepunkt des Zweiten Weltkriegs?

GRIN Verlag

GRIN - Your knowledge has value

Der GRIN Verlag publiziert seit 1998 wissenschaftliche Arbeiten von Studenten, Hochschullehrern und anderen Akademikern als eBook und gedrucktes Buch. Die Verlagswebsite www.grin.com ist die ideale Plattform zur Veröffentlichung von Hausarbeiten, Abschlussarbeiten, wissenschaftlichen Aufsätzen, Dissertationen und Fachbüchern.

Besuchen Sie uns im Internet:

http://www.grin.com/

http://www.facebook.com/grincom

http://www.twitter.com/grin_com

Schule: Otto-Hahn-Gymnasium

Schuljahr: 2017-2018

Der Mythos „Stalingrad"

Facharbeit im Fach Geschichte

Verfasser: Ilija Stebichow

Inhaltsverzeichnis

1. Einleitung

Die Schlacht von Stalingrad gilt heute als eine der meist bekanntesten Schlachten des Zweiten Weltkriegs, denn anders als bei anderen Schlachten in diesem Krieg wurde aus Stalingrad ein Mythos. So werden auch die Teilnehmer, wie in anderen mythischen Ereignissen in der Geschichte, als Helden geehrt. Beide Kriegsparteien machten dabei von der Bezeichnung des Heldentums bezüglich der gefallenen und überlebenden Soldaten nach Ende der Stalingrader Schlacht Gebrauch, um damit beim eigenen Volk bestimmte Wirkungen zu erreichen.

So war es für mich interessant gewesen, herauszufinden, welche Wirkung man eben beim Volk erzeugen wollte und wann bzw. wie genau dieser Mythos von Stalingrad entstand, denn keine Schlacht des Zweiten Weltkriegs sorgte für ein derartiges „Drama" und ließ nach dem Ende so viele Fragen aufkommen. Demnach sollte der Ausgang dieser Schlacht für beide beteiligten Kriegsparteien auch eine gewisse große Bedeutsamkeit und Auswirkung haben. Insofern lautet die entscheidende und bei vielen Historikern oft umstrittene Frage, die es in dieser Facharbeit zu beantworten gilt: War der Ausgang der Schlacht von Stalingrad ein Wendepunkt?

Die Antwort auf diese Frage versuche ich nun anhand folgender Vorgehensweise mir logisch zu erschließen und zu erarbeiten. Zuerst greife ich die Entstehung und Entwicklung der Stadt von der Gründung bis zum heutigen Stand auf, um von dem wirtschaftlichen aber vor allem auch symbolischen Wert und der Bedeutsamkeit einen ersten Eindruck zu bekommen. Anschließend kommt eine kurze Darstellung des Verlaufs, worin deutlich wird, warum die Schlacht eine der tragischsten aller Schlachten des Kriegs war und ob diese aufgrund der militärstrategischen Auswirkungen vielleicht den Wendepunkt herbeiführte. Weiter gehe ich auf die Frage ein, wie und wann aus Stalingrad ein Mythos entstand bzw. gemacht wurde, vor allem in der NS-Propaganda. Dadurch erschließe ich mir, ob Stalingrad vielleicht doch eher ein psychologischer statt militärischer Wendepunkt war. Am Ende greife ich in einem Schluss nochmal die oben formulierten Leitfragen auf und gehe auf deren Beantwortung und Ergebnisse im Hauptteil in einer Zusammenfassung „auf den Punkt" ein.

2.1 Die Entstehung und Entwicklung der Stadt Stalingrad

In der Vergangenheit wechselte die Stadt insgesamt zweimal ihren Namen. Ursprünglich war sie als Erstes unter dem Namen Zarizyn bekannt.

2.1.1 Zarizyn

Die Stadt Zarizyn wurde im 16. Jahrhundert an der Wolga gegründet, mit dem Ziel, dass sie zu einem gesellschaftlichen sowie politischen Zentrum heranwächst. Dabei war die Lage an der Wolga entscheidend, denn hier verliefen viele wichtige Handelswege unter anderem nach Griechenland, Byzanz und Rom. So war der Fluss auch häufig der entscheidende Grund dafür, dass die Stadt von anderen Völkern überfallen und besetzt wurde. Nach mehreren Kriegen um die Handelswege und zwei großen Volksaufständen, erlangten die Truppen des Zaren Peter den I. die endgültige Kontrolle über die Stadt und der Zar verhalf der Stadt anschließend zu einem wirtschaftlichen Aufschwung. So kam es dazu, dass die Stadt schließlich zum Ende des 18. Jahrhunderts ihre militärstrategische Bedeutung verlor und sich mehr und mehr zu einem Handels- und Wirtschaftszentrum entwickelte. Diese Änderung führte vor allem zu einer enormen Besiedlung Zarizyins, unter anderem auch von vielen deutschen Siedlern. Jedenfalls gewann Zarizyn bis dahin enorm an Bedeutung. Später ab der zweiten Hälfte des 18. Jahrhunderts wurden viele Eisenbahnlinien gebaut, die Zarizyn unter anderem mit Zentralrussland, dem Schwarzen- sowie Kaspischen Meer und dem Kaukasus verband und die Stadt somit zu einem Verkehrstechnischen Knotenpunkt wurde. Doch das Gebiet entwickelte sich auch zu einem Industriezentrum des Reichs.[1] Auch die Wissenschaft wurde durch die Eröffnung einer Universität gefördert. Die Stadt durchlief ab diesem Zeitpunkt ihre „goldene" und beste Zeit. Diese hielt nicht lange an, denn in den Jahren 1917-1920 kam es schließlich zur Revolution und zum Bürgerkrieg, indem die Bolschewisten nach erbitterten Kämpfen,[2] vor allem in Zarizyn, unter hohen Verlusten siegten.

---

[1] Vgl. https://www.goruma.de/Staedte/W/Wolgograd/Stadtgeschichte.html
[2] Vgl. http://www.dradio.de/dlf/sendungen/feldpost-stalingrad/stadt.html

Auf Basis der wirtschaftlichen Wichtigkeit Zarizyns lässt sich also erstmal feststellen, dass die spätere Schlacht im Zweiten Weltkrieg vor allem ein militärstrategisches Potential aufgrund des verkehrstechnischen Knotenpunktes und der guten Versorgungswege an der Wolga zu einem Wendepunkt in sich hat. Einen Indikator für einen möglichen psychologischen Wendepunkt des Krieges lässt sich zu dem Zeitpunkt noch nicht herausstellen.

2.1.2 Stalingrad

Stalin selbst war zuvor an den Kämpfen in Zarizyn als Armeekomissar beteiligt, da ihm sehr viel an der Stadt lag. So wurde auch zu Ehren Stalins die Stadt 1925 in „Stalingrad" (übersetzt „Stalins Stadt") umbenannt, obwohl Stalin auf diese Änderung abgeneigt reagierte.

Mit den Bolschewisten an der Macht änderte sich die Stadt rasant. Es fand eine sogenannte zweite Industrialisierungsphase statt. In diesen erneuten Zeiten der Entwicklung wurden viele alte historische Wohngebiete abgerissen, um Platz für neue größere Wohnblöcke zu bauen, die der schnell wachsenden Bevölkerung eine Unterkunft bieten sollten. Später kam es schließlich zum Ausbruch des Zweiten Weltkrieges, in dem die Schlacht von Stalingrad 1942/1943 als einer der tragischsten und verlustreichsten Kriegs-Schauplätze auf Seiten der Soldaten sowie der Zivilisten in die Geschichtsbücher einging. Beide Diktatoren sowohl Hitler als auch Stalin befahlen ihren Streitkräften einen Kampf bis zum letzten Mann zu führen und erlaubten keinen Rückzug. Dies zeigte deutlich, dass die Stadt Stalingrad vor allem einen symbolischen Wert für beide Kriegsparteien hatte und es um viel mehr als nur um eine militärstrategisch wichtige Stadt ging. Letztendlich wurde Stalingrad beinahe ganz zerstört.

Noch 1943 wurde mit dem Wiederaufbau mithilfe zahlreicher deutscher Gefangenen begonnen. Die Industrie wurde schnell vorangetrieben bis die Stadt erneut zu einem Industriellen Schwerpunkt aufstieg. Für die meisten ist der Name Stalingrad heute nichts weiter als ein Synonym für den zweiten Weltkrieg[1].

---

[1] Vgl. http://www.dradio.de/dlf/sendungen/feldpost-stalingrad/stadt.html

2.1.3 Wolgograd

Nach Ende des Zweiten Weltkriegs 1945 wurde der Stadt Stalingrad offiziell der Ehrentitel „Heldenstadt" von der sowjetischen Führung verliehen, sowie der Lenin-Orden und die Medaille „Goldener Stern", die bis heute in dem Stadtwappen von Wolgograd (Stalingrad) abgebildet sind.

1953 starb schließlich Stalin alleine an einem Schlaganfall in Moskau und das veränderte die Politik, denn immer mehr Menschen bzw. Politiker gingen an die Öffentlichkeit und kritisierten Stalins extrem totalitäre Politik. Es begann der Prozess der „Entstalinisierung" und die Entstehung einer riesigen Propagandawelle, in der Stalin als großer „Bösewicht" dargestellt wurde. Im Rahmen dessen mussten dann auch natürlich alle Namensgebungen nach Stalin wieder entfernt werden. Dazu zählten viele Denkmäler aber vor allem auch die Stadt Stalingrad. Somit gab man der Stadt 1969 den neuen Namen „Wolgograd".

Nach der Auflösung der Sowjetunion erlitt Wolgograd eine starke Wirtschaftskrise, jedoch hat sich die Wirtschaft bis heute erholt und ist zum heutigen Zeitpunkt wieder eines der wichtigsten Industrie- und Kulturzentren in Russland, sowie verkehrstechnischer Knotenpunkt.[1]

Während man versucht hat, die Ereignisse der Schlacht in Deutschland zu vergessen, wird man in Russland und vor allem in Wolgograd ständig an den heldenhaften Widerstand der roten Armee durch viele Denkmäler und sogar einen extra eingeführten Feiertag in der Stadt erinnert. Eine Umfrage zeigt auch, dass ein Großteil der Einwohner der Stadt für eine Rückbennenung in Stalingrad wären.[2] Man bekommt also einen Eindruck von dem russischen Volk, dass der Sieg in Stalingrad in jedem Falle ein Wendepunkt oder zumindest, im Vergleich zu anderen Siegen, von größerer Wichtigkeit war. Zum Beispiel wird der Sieg bei Moskau heute nicht so gefeiert und verehrt, bzw. ist der Heldentums-Gedanke dort nicht so weit ausgeprägt vorhanden, wie in Wolgograd.

---

[1] Vgl. https://www.goruma.de/Staedte/W/Wolgograd/Stadtgeschichte.html
[2] Vgl. http://www.bpb.de/internationales/europa/russland/analysen/186853/umfrage-nationale-identitaetsstiftung-in-russland-was-bedeutet-es-ein-patriot-zu-sein-die-stalingrad-frage, s.Anhang Grafik 13

6

2.2 Das „Unternehmen Barbarossa" und das Ereignis der Schlacht von Stalingrad

Mit dem Angriff der Wehrmacht auf die Sowjetunion kam es später zur Schlacht von Stalingrad, die von vielen Historikern als Wende des Kriegs bezeichnet wurde.

2.2.1 Das „Unternehmen Barbarossa"

In der Nacht vom 21. auf den 22. Juni ereignete sich schließlich der Überfall der Wehrmacht auf die Sowjetunion. Mit der größten versammelten Angriffsstreitmacht der Wehrmacht, die es je gab, sollte Russland in einem Vernichtungskrieg eingenommen werden. Diese Streitmacht umfasste 3350 Panzer, ca. 7000 Feldgeschütze, über 2000 Flugzeuge und etwa 4 Millionen Fußsoldaten. Der Sieg sollte in einem Blitzkrieg so schnell wie möglich, auf jeden Fall noch vor dem Winter erreicht werden. Diese Pläne wurden bereits 1940 von Hitler und seiner militärischen Führung unter dem Decknamen „Barbarossa" erstellt. Den Kampf gegen den „Jüdischen-Bolschewismus", wie Hitler ihn selbst bezeichnete, wollte der Diktator selbst als Oberkommandant der Wehrmacht in die Hand nehmen und gab dem Krieg seine volle Aufmerksamkeit, denn seiner Auffassung nach würde ein Erfolg der Operation den weiteren Verlauf des Krieges entscheidend verändern. So verkündete Hitler einige Monate vor dem Überfall bei einer Lagebesprechung: „Wenn Barbarossa steigt, wird die Welt den Atem anhalten"[1].

Durch schnelle Vernichtung der Roten Armee sollten nämlich Englands Hoffnungen auf großen Beistand im Krieg der Sowjets auf einer zweiten Front zerstört werden. Jedenfalls sei das Endziel der Sommeroffensive unter dem Namen „Barbarossas" die „Abschirmung gegen das asiatische Russland auf der allgemeinen Linie der Wolga- Archangelsk".[2] Der letzte verfügbare russische Industriebezirk im Ural solle abschließend von der Luftwaffe vernichtet werden.[3] Doch bis dahin solle die Wehrmacht auf der ganzen russischen Westgrenze, von der Nordsee bis zum Schwarzem Meer, vorrücken und für Zerstörung sorgen.

---

[1] Beevor, Antony: Stalingrad. London: C. Bertelsmann Verlag 1998, S. 29
[2] Vgl. Beevor, Stalingrad, 1998, S. 29
[3] Vgl. Beevor, Stalingrad, 1998, S. 29

Weiter konzentrierte man sich darauf, die drei hauptmilitärstrategisch wichtigen Städte bzw. Gebiete bei Leningrad, Moskau und dem Kaukasus zu erobern.[1]

Dabei fällt auf, dass Stalingrad in den ursprünglichen Plänen der deutschen Heeresführung keine Rolle spielte. Erst im Verlauf veränderter Vorgaben ihres obersten Befehlshabers konzentrierte sich die Wehrmacht auf die Metropole im Süden an der Wolga. Hitler begründete die Notwendigkeit des Angriffs „Barbarossa", indem er die deutschen als „ein Volk ohne Raum" bezeichnete, für welches „Lebensraum im Osten" geschaffen werden sollte.[2]

Jedenfalls kam der Angriff der Wehrmacht für die Sowjetunion unerwartet und so führte diese mangelnde Vorbereitung zu einem schnellen Vorstoßen der Wehrmacht ins Landesinnere bereits in den ersten Wochen. Unter anderem lag dieser Rückschlag der Russen daran, dass Stalin nicht auf die Gerüchte sowie sichere Hinweise auf einen Angriff zuvor hörte und einer Angriffsbereitstellung des Heeres nicht zustimmte, da er immer noch an den Hitler-Stalin Pakt glaubte, den Hitler aber nie vorsah, einzuhalten und nur für die Raushaltung Russlands während der Offensive auf Westeuropa benutzte. Der Vormarsch der Wehrmacht kam schließlich bei den Vororten Moskaus bei einem erfolgreichen Gegenangriff der roten Armee zum Erliegen. Damit scheiterte das „Unternehmen Barbarossa" und der Blitzkrieg fand sein Ende, doch man fuhr mit der Absicht fort, die Sowjetunion zu zerstören.[3]

2.2.2 Der Verlauf der Schlacht von Stalingrad: Angriff-Einkesselung-Vernichtung

Nach dem Fehlschlag bei der Sommeroffensive vor Moskau Russland auf breiter Front in einem Blitzkrieg zu vernichten, versuchte die Wehrmacht sich in einer erneuten Offensive mehr auf den Süden, speziell auf die Eroberung des Kaukasus und der Wolga zu konzentrieren, um so an die benötigten knapp werdenden Treibstoffe für die Kampffahrzeuge zu gelangen. Unter der Leitung des Heeresoffiziers Friedrich Paulus schickte man die 6. Armee an die Wolga zur Eroberung Stalingrads und eine zweite Armee zur Eroberung des Kaukasus. Schon

---

[1] Vgl. http://www.bpb.de/politik/hintergrund-aktuell/68783/ueberfall-auf-die-sowjetunion-22-06-2012
[2] Vgl. http://www.geschichte-lexikon.de/unternehmen-barbarossa.php
[3] Vgl. http://www.geschichte-lexikon.de/unternehmen-barbarossa.php

früh im August 1942 erkannte das Oberkommando der 6. Armee, man greife die Stadt mit unzureichend Kräften an und beschrieb die Lage folgendermaßen: „Der Russe wird den Raum um Stalingrad hartnäckig verteidigen. (...) Bei einem Vorgehen über den Don auf Stalingrad rechnet die Armee daher mit Widerstand in der Front und mit Gegenangriffen größeren Ausmaßes gegen die Nordflanke des eigenen Stoßes."[1] Infolge dieses hohen Widerstands erfolgte der Einmarsch in die Stadt relativ langsam und unter hohen Verlusten. Währenddessen sorgte die deutsche Luftwaffe für massive Bombardements der Stadt, so dass Stalingrad schon nach den ersten Wochen fast komplett zerstört war. Später erreichten die Kämpfe auch schließlich die Straßen Stalingrads, in denen die Wehrmacht vorrückte, bis sie 90% der Stadt kontrollierte. Ab diesem Zeitpunkt besaß die 6.Armee keinen Angriffsschwung mehr, da sie bereits nicht mehr ausreichend mit Verpflegung versorgt werden konnte.[2]

Schließlich erlebte die Schlacht am 19.-20. November eine Wende, in der die Rote Armee nach sorgfältiger und streng geheim gehaltener Vorbereitung im Rahmen ihres Unternehmens „Uranus" in einer großen Zangenbewegung einen Gegenangriff mithilfe einer Million Soldaten startete. Mit der schnellen Durchbrechung der deutsch-rumänischen Frontlinie wurde der Ring nach drei Tage geschlossen. Die Lage war sehr kritisch, trotzdem befahl Hitler am 21. November die Stellung zu halten. Anschließend erreichte die Nachricht Paulus von den Luftwaffenverbänden, dass eine längere Versorgung der Armeeverbände aus der Luft nicht für möglich gehalten wird. Die Befehlshaber der 6. Armee erkannten daraufhin schnell, dass ein längeres Halten der Stadt nur kaum möglich war. Als sich die Lage immer weiter zuspitzte, musste auch Hitler handeln und ordnete so eine strukturelle Führungsänderung an, in der eine Entsatzoffensive, bestehend aus Teilen mehrerer anderer Armeen, die Operation „Wintergewitter" betreiben sollte. Diese sah vor, die eingekesselte 6. Armee zu befreien und die Lage erneut zu stabilisieren. Das hieß, die 6. Armee sollte vorerst am Ufer der Wolga stehenbleiben, um dort das militärisch-politische Ergebnis des Sommerfeldzugs,

[1] Wette, Wolfram u.a.: Stalingrad. Mythos und Wirklichkeit einer Schlacht. Frankfurt am Main: Fischer Tagebuch Verlag 2012, S. 20
[2] Wette: Stalingrad. Mythos und Wirklichkeit einer Schlacht. 2012, S.21

im Sinne Hitlers, zu halten. Der Vorschlag, die eingeschlossene Armee während der Entsatzoffensive gleichzeitig zum Ausbruch und Rückzug antreten zu lassen, wurde vom Diktator erneut abgelehnt. Schließlich war auch Operation „Wintergewitter" an heftigen Gegenangriffen der roten Armee gescheitert. Im Kessel führte das Bewusstsein dieses Scheiterns allmählich zur Einsicht, dass man von der eigenen Führung im Stich gelassen wurde, sowie das Aufkommen des Gedankens laut W.Wette in „Stalingrad, Mythos und Wirklichkeit einer Schlacht" „abgeschrieben", „verlassen", „verkauft" und sogar „verraten" worden zu sein.[1] Zugleich war Hitler aber immer noch unbesorgt und zuversichtlich auf eine Befreiung der 6. Armee. Nachdem aber bei den Soldaten weder auf Versorgung noch auf Rettung zu hoffen war, stieg die Zahl der Todesopfer durch Hunger, Kälte und Kampf schnell an.

Schließlich kapitulierte der Rest der 6. Armee im Februar 1943. Später beschrieb Paulus Rückblickend, dass das „Leiden der Soldaten der 6. Armee in Stalingrad" alles an Elend übertraf, „was deutsche Soldaten seit Beginn des Zweiten Weltkrieges erlebt hatten"[2]. So wurde Stalingrad zum Massengrab der Wehrmacht, sowie der zahlreichen Opfer der Roten Armee. Von den 300.000 deutschen Soldaten, die nach Stalingrad gezogen waren, starben 150.000 und ca. 100.000 gerieten in Gefangenschaft. Aus der Gefangenschaft kehrten lediglich 6.000 Soldaten lebendig zurück[3].

2.2.3.1 Die militärische Bedeutung und Auswirkung der Schlacht

Die erste Frage, die bei dem ganzen zuvor genannten Verlauf aufkommt, ist, warum Hitler unbedingt das Halten der 6. Armee von Stalingrad verlangte und keinen Rückzug erlaubte, obwohl dies den logischen Untergang bedeuten würde. Verfolgte er etwa ein so militärisch wichtiges Ziel, das die gesamte 6. Armee dafür geopfert werden musste? Dem deutschen Volk wird aber später auch keine sachlichere militärische Rechtfertigung für die Opfer geliefert als, dass man Europa vor dem „jüdischen Bolschewismus" verteidigen wollte. Der spätere Hitler-

---

[1] Wette: Stalingrad. Mythos und Wirklichkeit einer Schlacht. 2012, S. 27
[2] Wette: Stalingrad. Mythos und Wirklichkeit einer Schlacht. 2012, S. 29
[3] Wette: Stalingrad. Mythos und Wirklichkeit einer Schlacht. 2012, S.32-37

Attentäter Graf Stauffenberg erklärt aber, dass das „Opfer von Hunderttausenden deutscher Soldaten in keinem Verhältnis zu Sinn und Nutzen dieser Schlacht" stehe[1]. Neben dieser Aussage spricht aber auch alleine die Tatsache, dass Stalingrad gar nicht in den ursprünglichen militärischen Plänen den Offizieren bekannt war, für die eher nicht so große militärstrategische Bedeutung der Stadt für den weiteren Verlauf. Auch der Winrich Behr, der Hauptmann der 6 .Armee, bestätigte rückblickend: „Wir hatten damals den Eindruck, dass es Hitler bei Stalingrad auch um die politische Bedeutung des Namens „Stalingrad" ging."[2] Insgesamt lässt sich die militärische Bedeutung also nur schwer bis gar nicht feststellen. Jedenfalls führte am Ende die Niederlage zum Verschwinden der gesamten 6.Armee, also 300.000 Mann, sowie der Verlust mehrerer Geschütze und Fahrzeuge. Alleine für die Versorgung der Armee, verlor die Luftwaffe 495 Flugzeuge. Dieser hohe Verlust an Truppen und Fahrzeugen konnte nach der Schlacht nicht mehr vollständig ersetzt werden.[3]

Wenn man sich jedoch die Zahlen der beteiligten russischen Soldaten anschaut, sieht man, dass die Rote Armee von der Anzahl der Truppen her weit überlegen war. Demnach war der Widerstand der 6. Armee im Kessel so stark, dass gleich mehrere Russische Armeeverbände an sie gebunden waren und man vermuten kann, dass deswegen der andere Teil der Armee im militärisch wichtigeren Kaukasus einer Vernichtung wie die der 6. Armee in Stalingrad davonkam und nach längerem Halten sich noch rechtzeitig zurückziehen konnte. In dem Fall hätte der wie in der NS-Propaganda bezeichnete „Opfergang" auch einen gewissen Nutzen, indem er eine noch größere Katastrophe verhinderte. Wahrscheinlich würde die südliche Ostfront mit einem erfolgreichen Rückzug der 6. Armee auch schneller zusammenbrechen und an der Stelle der 6. Armee würde die Armee im Kaukasus dasselbe Schicksal erleiden.[4]

Auch wenn die Niederlage in Stalingrad einen Verlust der gesamten südlichen Ostfront bedeutete, führte dies nicht zum von vielen Quellen bezeichneten

---

[1]Vgl. W.Wette, Stalingrad, Mythos und Wirklichkeit einer Schlacht, 2012, S.42
[2] Vgl. Knopp, Guido: Stalingrad. Das Drama. München: C. Bertelsmann Verlag 2002, S. 15
[3] Wette: Stalingrad. Mythos und Wirklichkeit einer Schlacht. 2012, S. 38-39
[4] Wette: Stalingrad. Mythos und Wirklichkeit einer Schlacht. 2012, S. 37

Wendepunkt oder zumindest militärischen Wendepunkt des Zweiten Weltkrieges, denn schon 1941 mit der Niederlage vor Moskau verlor die Wehrmacht ihre strategische Stoßkraft. Gäbe es für Deutschland nach dieser Niederlage noch eine Chance, dann wäre eben allgemein die Entscheidung Hitlers „die deutschen Armeen auf ihrem Vormarsch in Südrußland in zwei divergierenden Angriffsrichtung vorstoßen zu lassen" und „(o)hne ausreichend Reserven bereitzustellen (...)",[1] der militärstrategische Wendepunkt. Neben den schlechten Reserven traf die Militärführung dazu auch noch keine Vorbereitungen für den Winter, obwohl man sich doch der Kälte, besonders in diesen Gegenden Russlands, bewusst sein musste.

2.3 Politische und Psychologische Folgen der Schlacht

„Stalingrad – der größte Heroenkampf unserer Geschichte"[2], – so heißt der Titel der Rede Görings nach der Niederlage in Stalingrad an die Wehrmacht, der scheinbar einen großen symbolischen Wert der Schlacht von Stalingrad andeutet.

2.3.1 Entstehung des „Mythos Stalingrad"

Laut Definition ist der Mythos eine mündliche Überlieferung, die von Göttern, Dämonen und Heroen erzählt.[3]

Während und nach der Schlacht von Stalingrad machten dabei die Nationalsozialisten sowie die Sowjetunion Gebrauch von einem Heldenmythos, um das eigene Volk mit einer gewissen Wirkung zu aktivieren und die Truppen zum Kampf zu ermutigen. Bei beiden Kriegsparteien wird der Heldenmythos von der Regierung gezielt eingeführt und bezieht sich allgemein auf alle Personen und Dinge, die auf jeglicher Art und Weise von dem Ereignis betroffen waren. So wurde der Stadt Stalingrad der Ehrentitel „Heldenstadt" verliehen, in der bis heute die Erinnerung und das Bild an die „Helden der Roten Armee" im „großen vaterländischen Krieg" und dem Sieg über die „faschistischen Aggressoren" wirkt.[4]

---

[1] Wette: Stalingrad. Mythos und Wirklichkeit einer Schlacht. 2012, S. 20
[2] Ebert, Jens: Stalingrad – eine deutsche Legende. Zeugnisse einer verdrängen Niederlage. Reinbek bei Hamburg: Rowohlt Taschenbuch Verlag 1992, S. 36
[3] https://www.duden.de/rechtschreibung/Mythos
[4] Wette: Stalingrad. Mythos und Wirklichkeit einer Schlacht.2012, S. 15-16

Anders ist es in Deutschland, wo sich das Bild der deutschen Helden von Stalingrad nach Kriegsende auflöste. Für die NS-Propaganda war es viel schwieriger aus dem sinnlosen Massensterben der 6. Armee einen Mythos zu erschaffen ohne, dass das Volk die Hoffnung an den „Endsieg" nicht verliert. Für die Sowjetunion war dies leichter zu erzielen, denn „es war ein Sieg für die „Heimat"[1]. Da die Deutschen dies nicht beanspruchen konnten, blieb ihnen nichts anderes möglich als das Opfer der Soldaten als heldenhafte Verteidigung gegen den Bolschewismus zu bezeichnen. Außerdem war eine große Aufgabe der NS-Propaganda dafür zu sorgen, dass das Heer die Kampfmoral nicht verliert.

Reichsmarschall Göring sagte dabei in seiner Rede an die Wehrmacht folgendes: „Denke jeder von euch an die Kämpfer von Stalingrad, dann wird er hart und eisern werden. Vergeßt nicht, daß zu den vornehmsten Grundtugenden des ganzen Soldatentums neben Kameradschaft und Pflichttreue vor allem die Opferbereitschaft gehört."[2] Die Opfer von Stalingrad wurden demnach nicht nur als Helden, sondern auch als Vorbilder von Göring dargestellt, wobei er von der Wehrmacht dieselbe „Opferbereitschaft", „um etwas Größeres für die anderen zu erreichen", verlangte. Weiter beschrieb er, welche Konsequenzen es gäbe, hätte sich die 6. Armee nicht so heldenhaft geopfert. Definitiv hinterlässt die Rede einen motivierenden und ermutigenden Eindruck, vor allem das Ende des Appells, wo Göring die Antike Geschichte von Leonidas und seiner 300 mannstarke Spartiaten aufgriff, wie sie in einem „aussichtslosen Kampf, aussichtslos aber nicht in seiner Bedeutung", bis zum letzten Mann kämpften. So wurde aus Stalingrad das Symbol eines Heldenmythos.[3]

2.3.2 Der psychologische Wendepunkt

Auch wenn Stalingrad, wie zuvor festgestellt, eher weniger als militär-strategischer Wendepunkt durchgeht, ist die symbolische Qualität der Schlacht umso größer. Davon zeugt unter anderem die Inszenierung der Schlacht von beiden Großmächten als Heldenkampf. Die Befehle der deutschen als auch

---

[1] Wette: Stalingrad. Mythos und Wirklichkeit einer Stadt. 2012, S. 12
[2] Ebert: Stalingrad – eine deutsche Legende. 1992, S. 39
[3] Ebert: Stalingrad – eine deutsche Legende. 1992, S. 39

russischen Führung während der Schlacht, die Stadt um jeden Preis zu erobern, lassen auch schon vermuten, dass es sich bei dem ganzen Ereignis um eine Prestigeangelegenheit zwischen den beiden Diktatoren handeln musste.

Auch wenn Hitler behauptete er wolle „zur Wolga kommen, und zwar an einer bestimmten Stelle"[1], womit er einen strategisch wichtigen Punkt meinte, kann diese Aussage nicht der Wahrheit entsprechen. Dagegen sprechen einfach die vielen Eindrücke der Offiziere, die mit Hitler zu tun hatten, dass die Stadt mehr einen symbolischen Wert hatte. Ulrich de Maiziere, Generalstabsoffizier, schilderte z.B seine Eindrücke wie folgt: „Stalingrad war für Hitler wahrscheinlich eher ein psychologisches Ziel, weil es eine Stadt war, die nach Stalin hieß, und die Eroberung von Stalingrad für ihn ein psychologischer gewesen wäre." [2]

Demnach stellte die Niederlage in Stalingrad auch eine große psychologische Niederlage dar, denn der Mythos von der Unbesiegbarkeit der Wehrmacht war zerstört. Beim Volk und der Armee schwand die Hoffnung nun auf einen „Endsieg" sowie sogar das Vertrauen in den „Führer". Während und nach Stalingrad nahmen die Aktivitäten der Widerstandsbewegungen, wie die der „Weißen Rose" gegen die Nationalsozialisten stark an. [3]Die NS-Führung konnte sich also nicht mehr allein auf den Krieg konzentrieren, sondern hatte auch mit der Krise im eigenen Land zu kämpfen. Insgesamt hatte die Kampfmoral der Wehrmacht erheblich abgenommen, welche sich auch im Kampf bemerkbar machte, und Deutschland war auf der gesamten südlichen Ostfront schließlich auf dem Rückzug. Die Niederlage in Stalingrad führte also zu einer massiven Katastrophe, die in der „Überschätzung der eigenen Möglichkeiten" seine „Hauptschuld"[4] fand.

Aufgrund der ganzen nun genannten Punkte kann man auf jeden Fall sagen, dass Stalingrad das Recht und die Qualität dazu hat, als psychologischen Wendepunkt des Zweiten Weltkrieges zu gelten.

---

[1] Knopp: Stalingrad. Das Drama. 2002, S.13
[2] Knopp: Stalingrad. Das Drama. 2002, S.13
[3] Wette: Stalingrad. Mythos und Wirklichkeit einer Schlacht. 2012, S. 40
[4] Knopp: Stalingrad. Das Drama. 2002, S 27

3. Schluss

Die Schlacht von Stalingrad ist heute eines der meist diskutierten und bekanntesten Ereignisse des Zweiten Weltkriegs und so stellt sich die Frage, ob dies daran liegen könnte, weil der Ausgang der Schlacht einen Wendepunkt bedeutete? Weil diese Frage jedoch relativ allgemein ist, war es hilfreicher die Schlacht auf ihr Potential zu einem militärischen und psychologischen Wendepunkt hin getrennt zu untersuchen. Durch die Ergebnisse in der Entwicklung der Stadt kam anfänglich bei der Stadt Zarizyn der Eindruck, die Stadt könnte durch die Lage an der Wolga und aufgrund der Tatsache, dass sie ein Wirtschaftszentrum war, zu einem militärstrategischen Wendepunkt werden. Mit der Umbenennung nach Stalin in „Stalingrad" und später in Wolgograd, die den Ehrentitel „Heldenstadt" verliehen bekommt, erhält man jedoch Hinweise auf einen symbolischen Wert und damit einen psychologischen Wendepunkt der Schlacht.

Das Scheitern des Unternehmens „Barbarossa" vor dem strategisch wichtigen Moskau, das wahrscheinlich schon den strategischen Wendepunkt bedeutete, führte schließlich zur Verlagerung der Front in den südlichen Osten Russlands, wobei die Wehrmacht ohne hinreichenden Reserven bei Stalingrad und dem Kaukasus angreifen sollte. In Stalingrad fand die 6. Armee in einem sinnlosen Halten der Stellung letztendlich, von der roten Armee eingekesselt, ihren Untergang. Das Massensterben der Armee wurde anschließend von der NS-Propaganda als heldenhaften Opfergang für die Verteidigung gegen den Bolschewismus gerechtfertigt. Auf sowjetischer Seite feierte man die rote Armee ebenfalls als Helden. So entstand der Heldenmythos, der wegen seiner ganzen symbolischen Inszenierung aufschlussreich darüber war, ob es sich bei der Schlacht um einen psychologischen Wendepunkt handeln könnte. Die psychologische und politische Auswirkung zeigte am Ende, dass Stalingrad die Niederlage einer großen Prestigeangelegenheit war und die Kampfmoral der Wehrmacht entscheidend schwächte und die der roten Armee stärkte, sodass die rote Armee auch bis zum Sieg in Berlin 1945 einen regelrechten Angriffsschwung besaß. So reicht der Ausgang der Schlacht von Stalingrad nicht ganz zu einem strategischen Wendepunkt aus.

Die Frage ob Stalingrad ein psychologischer Wendepunkt war, kann man nach den Untersuchungen jedoch mit einem klaren „Ja" beantworten.

4. Literaturverzeichnis

Literaturquellen:

Beevor, Antony u.a.: Stalingrad. München: C. Bertelsmann Verlag 1999

Ebert, Jens u.a.: Stalingrad – eine deutsche Legende. Reinbek bei Hamburg: Rowohlt Taschenbuch Verlag GmbH 1992

Knoppe, Guido: Stalingrad. Das Drama. München: C. Bertelsmann Verlag 2002

Wette, Wolfram: Stalingrad. Mythos und Wirklichkeit einer Schlacht. Frankfurt am Main: Ficher Taschenbuh Verlag 2012

Internetquellen:

http://www.dradio.de/dlf/sendungen/feldpost-stalingrad/hist-mil.html

vom 16.02.2018

https://www.goruma.de/Staedte/W/Wolgograd/Stadtgeschichte.html

vom 16.02.2018

http://www.geschichte-lexikon.de/unternehmen-barbarossa.php

vom 19.02.2018

http://www.bpb.de/politik/hintergrund-aktuell/68783/ueberfall-auf-die-sowjetunion-22-06-2012

vom 19.02.2018

http://www.bpb.de/internationales/europa/russland/analysen/186853/umfrage-nationale-identitaetsstiftung-in-russland-was-bedeutet-es-ein-patriot-zu-sein-die-stalingrad-frage

vom 03.03.2018

https://www.duden.de/rechtschreibung/Mythos

vom 03.03.2018

6. Anhang

Grafik 13: Mit welcher der folgenden Meinungen stimmen Sie überein?

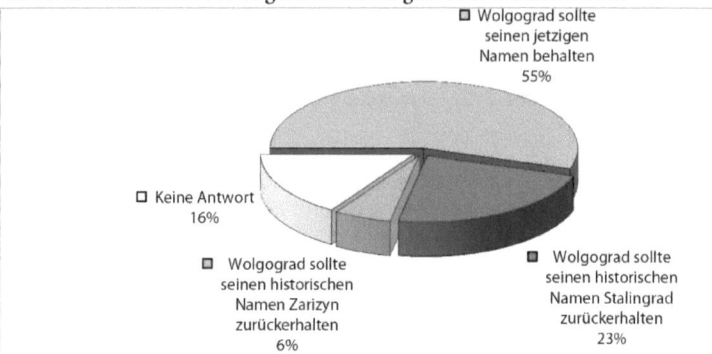

☐ Wolgograd sollte seinen jetzigen Namen behalten 55%

☐ Keine Antwort 16%

☐ Wolgograd sollte seinen historischen Namen Zarizyn zurückerhalten 6%

☐ Wolgograd sollte seinen historischen Namen Stalingrad zurückerhalten 23%

Quelle: Umfragen des Lewada-Zentrums vom 11. Juni 2014 unter: <http://www.levada.ru/print/09-06-2014/otnoshenie-an-k-initsiative-pereimenovaniya-volgograda-v-stalingrad>

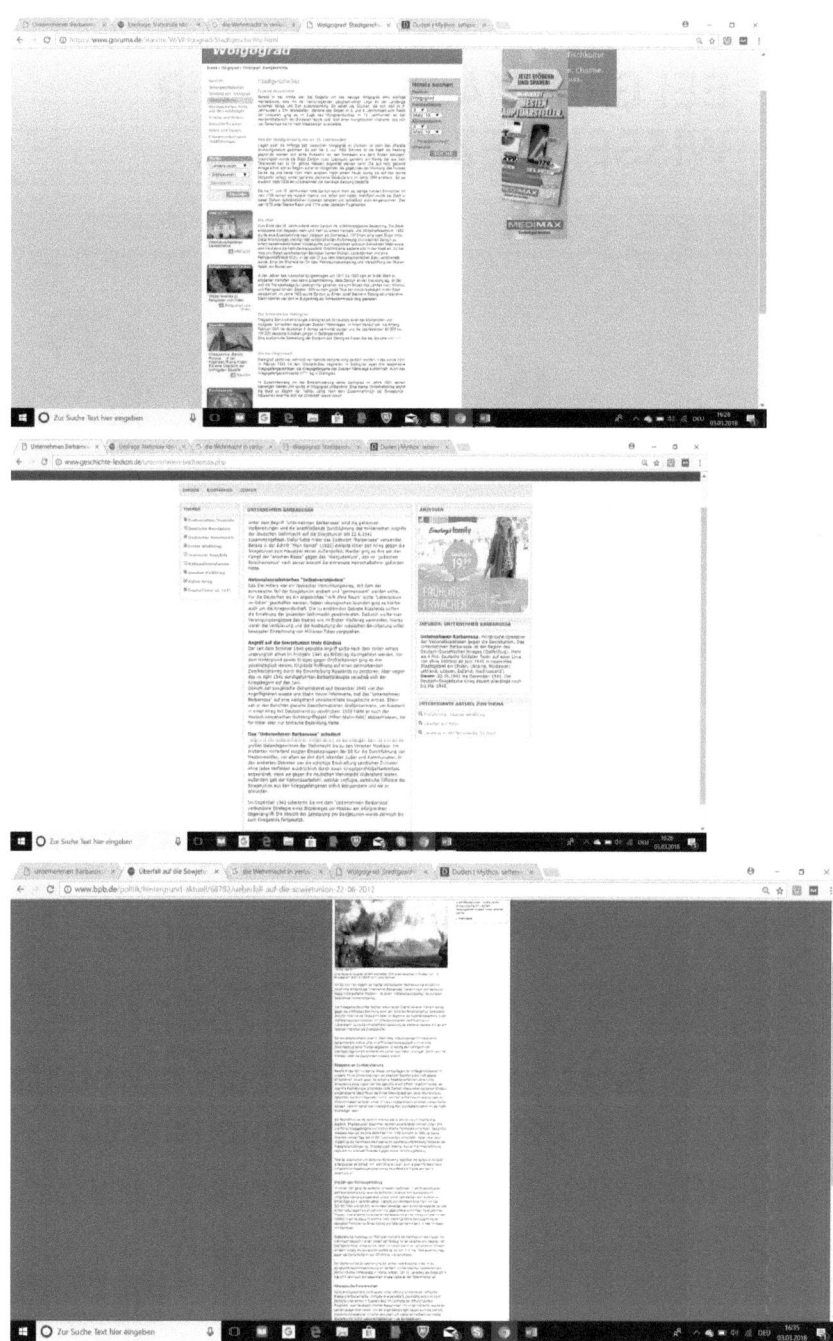

19